»Stücke wie ›Abel steh auf‹, ›Ecce homo‹, ›Filter‹, ›Graue Zeiten‹ gehörten in die Lesebücher der Oberstufen. Zum Auswendig-Lernen!« hat Hans Peter Keller 1970 bei Erscheinen von Hilde Domins viertem Gedichtband ›Ich will dich‹ gefordert. Das Motto zum ersten Teil der Gedichte gibt die Begründung: »Damit es anders anfängt / zwischen uns allen.« Mit großem, zugleich aber ganz leicht wirkendem Atem ist diese Lyrik geschrieben als Antwort auf die gesellschaftlichen und politischen Grundprobleme unserer Zeit.

Für das Taschenbuch hat Hilde Domin zu den 22 Gedichten der Ausgabe von 1970 weitere 18 später geschriebene ausgewählt. »Permanente Herausforderung. Das Programm unbeirrbarer, unbestechlicher Moralität« (H. P. Keller).

Hilde Domin studierte Jura, Philosophie und politische Wissenschaft, promovierte 1936 über Staatsgeschichte der Renaissance (Univ. Florenz). Danach Lehrerin in England, Universitätsdozentin in Santo Domingo. Mitarbeiterin ihres Mannes, Erwin Walter Palm, Übersetzerin, Photographin. Nach 22jährigem Exil kehrte sie nach Deutschland zurück und lebt seit 1961 in Heidelberg. 1951 schrieb sie die ersten Gedichte, veröffentlicht seit 1957 und wurde durch zahlreiche Literaturpreise geehrt. Ihre Gedichte wurden in 16 Sprachen übersetzt.

Lesungen, Vorträge, Diskussionen an Universitäten und in literarischen Gesellschaften des In- und Auslandes. Ehrengast der Villa Massimo 1985. Poetikdozentur der Universität Frankfurt am Main 1987/88 und der Universität Mainz 1988/89. Mitglied des PEN, der Deutschen Akademie für Sprache und Dichtung, Ehrenmitglied der Heinrich-Heine-Gesellschaft, Düsseldorf, der American Association of Teachers of German. – Preise u. a. Ida-Dehmel-Literaturpreis, 1968; Meersburger Droste-Preis, 1971; Rainer-Maria-Rilke-Preis für Lyrik, 1976; Nelly-Sachs-Preis der Stadt Dortmund, 1983; Carl-Zuckmayer-Medaille Mainz, 1992; Friedrich-Hölderlin-Preis der Stadt Bad Homburg vor der Höhe, 1992; Preis für Literatur im Exil der Stadt Heidelberg, 1992; Literaturpreis der Konrad-Adenauer-Stiftung, 1995; Jakob-Wassermann-Preis der Stadt Fürth, 1999. – Großes Bundesverdienstkreuz. Professor h. c.

Unsere Adresse im Internet: www.fischer-tb.de

Hilde Domin

ICH WILL DICH
Gedichte

Fischer Taschenbuch Verlag

Erweiterte Neuausgabe des 1970 im R. Piper & Co. Verlag,
München, und seit 1992 im S. Fischer Verlag, Frankfurt am
Main, erschienenen Bandes ›Ich will dich‹

5. Auflage: Mai 2000

Veröffentlicht im Fischer Taschenbuch Verlag GmbH,
Frankfurt am Main, Oktober 1995

Lizenzausgabe mit freundlicher Genehmigung des
S. Fischer Verlags GmbH, Frankfurt am Main
© R. Piper & Co. Verlag, München 1970
Alle Rechte liegen beim
S. Fischer Verlag GmbH, Frankfurt am Main
Satz: Fotosatz Reinhard Amann, Aichstetten
Druck und Bindung: Clausen & Bosse, Leck
Printed in Germany
ISBN 3-596-12209-0

I

*damit es anders anfängt
zwischen uns allen*

Ich will dich

Freiheit
ich will dich
aufrauhen mit Schmirgelpapier
du geleckte

(die ich meine
meine
unsere
Freiheit von und zu)
Modefratz

Du wirst geleckt
mit Zungenspitzen
bis du ganz rund bist
Kugel
auf allen Tüchern

Freiheit Wort
das ich aufrauhen will
ich will dich mit Glassplittern spicken
daß man dich schwer auf die Zunge nimmt
und du niemandes Ball bist

Dich
und andere
Worte möchte ich mit Glassplittern spicken
wie es Konfuzius befiehlt
der alte Chinese

Die Eckenschale sagt er
muß
Ecken haben
sagt er
Oder der Staat geht zugrunde

Nichts weiter sagt er
ist vonnöten
Nennt
das Runde rund
und das Eckige eckig

Drei Arten Gedichte aufzuschreiben

1

Ein trockenes Flußbett
Ein weißes Band von Kieselsteinen
von weitem gesehen
hierauf wünsche ich zu schreiben
in klaren Lettern
oder eine Schutthalde
Geröll
gleitend unter meinen Zeilen
wegrutschend
damit das heikle Leben meiner Worte
ihr Dennoch
ein Dennoch jedes Buchstabens sei

2

Kleine Buchstaben
genaue
damit die Worte leise kommen
damit die Worte sich einschleichen
damit man hingehen muß
zu den Worten
sie suchen in dem weißen
Papier
leise
man merkt nicht wie sie eintreten
durch die Poren
Schweiß der nach innen rinnt

Angst
meine
unsere
und das Dennoch jedes Buchstabens

3

Ich will einen Streifen Papier
so groß wie ich
ein Meter sechzig
darauf ein Gedicht
das schreit
sowie einer vorübergeht
schreit in schwarzen Buchstaben
das etwas Unmögliches verlangt
Zivilcourage zum Beispiel
diesen Mut den kein Tier hat
Mit-Schmerz zum Beispiel
Solidarität statt Herde
Fremd-Worte
heimisch zu machen im Tun

Mensch
Tier das Zivilcourage hat
Mensch
Tier das den Mit-Schmerz kennt
Mensch Fremdwort-Tier Wort-Tier
Tier
das Gedichte schreibt
Gedicht
das Unmögliches verlangt
von jedem der vorbeigeht
dringend
unabweisbar
als rufe es
›Trink Coca-Cola‹

Das ist es nicht

Das ist es nicht
daß wir gedreht werden
von Abend zu Morgen
zu Abend
auf einer Kugel von der wir jetzt wissen
daß sie blau ist
die wir sich drehen sehen
das ist es nicht
wir hängen kopfüber ins Leere
wir sind es gewohnt
auch nicht das Fließband auf das wir geleimt sind
von unserer Herstellung im Mutterleib
unserm Verpacktwerden in
Kisten jeder Größe und Art
zusammen mit andern
und zuletzt in die kleinste
dunkelste
allein
die kleinste Einzelzelle
so eng wie der Mutterleib so ohne Fenster
wir sind es gewohnt

Sagte nicht einer
Dies und dies Volk
›ist es gewohnt gefoltert zu werden‹

Das ist es nicht
wir haben das alles längst unterschrieben
jede Nacht wird es unterschrieben
für die Kinder jeder Nacht
auf den Bettüchern wird es paktiert

Gebärtüchern
Leichentüchern
Du wirst gedreht auf einer blauen Kugel
kopfüber vom Hellen ins Dunkle
das merkst du nicht
auch nicht das Fließband
aus der Einsamkeit in die Einsamkeit
deine Handvoll Asche
das ist es nicht
obwohl es auch das ist
du vergißt es bei schönem Wetter
das kleinste Fließband ist es
das ist nicht sichtbar
das ist nicht unterschrieben
das wird täglich

Auf dem großen Trichter
auf dem wir alle hinuntermüssen
seid ihr nur näher unten
ich bin noch weiter oben am Rand
sagte ein Aufseher im KZ
zu noch lebenden Menschen
Menschen die ihre Grube gruben
vor ihrer Erschießung er der Schießende
Ihr seid näher am Rand
Wie nah wir am Rand sind weiß keiner
daß es sich dreht
es dreht sich
er war oben und stieß sie hinunter
mit diesem Trost

Graue Zeiten

1

Es muß aufgehoben werden
als komme es aus grauen Zeiten

Menschen wie wir wir unter ihnen
fuhren auf Schiffen hin und her
Und konnten nirgends landen

Menschen wie wir wir unter ihnen
durften nicht bleiben
und konnten nicht gehen

Menschen wie wir wir unter ihnen
grüßten unsere Freunde nicht
und wurden nicht gegrüßt

Menschen wie wir wir unter ihnen
standen an fremden Küsten
um Verzeihung bittend daß es uns gab

Menschen wie wir wir unter ihnen
wurden bewahrt

Menschen wie wir wir unter ihnen
Menschen wie ihr ihr unter ihnen
jeder

kann ausgezogen werden
und nackt gemacht
die nackten Menschenpuppen

nackter als Tierleiber
unter den Kleidern
der Leib der Opfer

Ausgezogen
die noch morgens die Schalen um sich haben
weiße Körper

Glück hatte wer nur
gestoßen wurde
von Pol zu Pol

Ich spreche von den grauen Zeiten
als ich jünger war als ihr jetzt

2

Die grauen Zeiten
von denen nichts uns trennt als
zwanzig Jahre

Die Köpfe der Zeitungen
das Rot und das Schwarz
unter dem Worte ›Deutsch‹

ich sah es schon einmal
Zwanzig Jahre:

Montag viel Dienstag nichts
zwischen

uns und den grauen Zeiten

3

Manchmal sehe ich dich

von wilden Tieren zerrissen
von Menschentieren

Wir lachen vielleicht

Deine Angst die ich nie sah
diese Angst
ich sehe euch

4

dich
und den
und den
Menschen wie ihr
ihr unter ihnen
Menschen wie wir
wir unter ihnen
Nackte Menschenpuppen
die heute noch die Schalen um sich haben

Die Köpfe der Zeitungen
das Rot und das Schwarz
unter dem Worte ›Deutsch‹
Die Toten stehen neben den Kiosken
und sehen mit großen Augen
die Köpfe der Zeitungen an
den schwarz und rot gedruckten Haß
unter dem Worte ›Deutsch‹
Die Toten fürchten sich

Dies ist ein Land
in dem die Toten sich fürchten.

(1966)

Ecce Homo

Weniger als die Hoffnung auf ihn

das ist der Mensch
einarmig
immer

Nur der gekreuzigte
beide Arme
weit offen
der Hier-Bin-Ich

Sisyphus 1967 –
Variationen auf einen Imperativ von Mallarmé

›Die großen blauen Löcher
die die Vögel machen die argen‹
die schwarzen Risse der Nachrichten
frühmorgens
›stopfe sie
mit unermüdlicher Hand‹

Kämme die Berge
lösche
wische weg
die Kreuzfahrerheere
fahrend zu unheiligen Gräbern
die Löcher die die Kreuzfahrer machen die argen
stopfe sie
mit unermüdlicher Hand

Und Münder die rufen
mit unermüdlichem Atem
aufgestellt in allen Ländern
und riesige Herzen neue Totems
reibe sie mit Meersand ab
die siebenfältige Herzhaut die arge

Impfe
mit den Tränen der Gefolterten
uns Überlebende
uns Nachgeborene

Die Wege sind krank
Tritte der Kreuzfahrer unermüdliche
müssen geglättet werden
mit den Handflächen unermüdlichen
stopfe
die großen blauen Löcher
die die Flugzeuge machen die argen
und die schwarzen Risse
halte
die Ränder der Wunden zusammen
stopfe die Haut des Planeten
er reißt
in unserm Jahrhundert
stopfe
mit unermüdlicher
mit nie ermüdender Hand
rufe
mit nie ermüdendem Atem
die nie ermüdenden Hände

Bergaufwärts gerollt
die Steine
werden Quelle und Brot

Nach dem Fernsehbericht: Napalm-Lazarett

Am Rande des Schlafs
tauchen sie auf
Köpfe
sie schwimmen
auf dem Traumwasser
auf den Bettdecken
ein Horizont von Sterbenden
Köpfe mit großen Augen
›Kriege werden mit Menschen geführt‹
sie sehen mich an
Augen

Kein Himmel hat die Blässe
klagender Augen

Abschaffung des Befehlsnotstands. Perspektive

> *Nichts hat mich so verwirrt wie eine Taube*
> *gurrend auf einem Zweig zwischen Insel und Fluß.*
> *Ihr Hals war kupfergrün...*
> *Ali Ben Hism (994–1063)*

Nichts hat mich so verwirrt wie eine Taube
Ein Taubenschnabel drückt den Hebel nieder
um ein Korn
um ein Linsengericht
Esau
um eine Linse
Ihr Hals war kupfergrün
die unwissende Taube
Abels Feuer brannten
er röstete Tauben
Gott aß die Tauben
Abels Opfertauben
gemästet an Kains Korn

Gemästet an Kains Korn
Tauben
drücken die Hebel
der Elek
tronik
Kains Körner
Taubenschnäbel
Elektronenbefehl
ihr Hals war kupfergrün
wo keiner die Hand hebt
die arbeitende Taube
genau
scharfäugig
lidlos

sanfte Tauben schillerndes Gefieder
von Kain gefüttert
taubenblau
von Kain Liebesvogel
nichts hat mich so verwirrt
an den Hebel gesetzt von Kain gefüttert
alle Abel kein Kain
alle Kain

Menschenmordende
ihr Hals war kupfergrün
wo keiner die Hand hebt
Taube
den Schnabel senkt
blaue Taube schillernd
Taubenschnäbel
lösen Kontakt aus

Fließband
alles fließt
Blut kann fließen Gas kann fließen
Taube
gurrender Täter
pickend
Hebel lösend
Kains Korn

Taube
das Weltgericht
Taube
Heiliger Geist
Botschafter Taube

Friß das Korn nicht Bruder Taube
Kains Korn
picke nicht
auf den Hebel
scharfäugige
mit deinem schillernden Hals

Zur Interpunktion

Weil sich die Neger
fürchten
weil sich die Weißen
fürchten
fürchten meine Worte
ein einfaches Komma
eingesperrt zwischen Satzzeichen
offene Fenster
offene Zeilen
meine Worte haben Angst
vor dem Verrat
des Menschen
an dem Menschen
versuche
ihn nicht
lasse alle Türen
offen
presse uns nicht
uns Wolken

Vorsichtshalber

Der Herbst kommt
wir müssen Löwen an die Leine nehmen

Niemand kommt uns zu nah
wenn wir die richtigen Haustiere haben
Größeres als der Mensch
wenn es auf den Hinterbeinen steht

Wer den Hund zurückbeißt
wer auf den Kopf der Schlange tritt
wer dem Kaiman die Augen zuhält
der ist in Ordnung

Abel steh auf

Abel steh auf
es muß neu gespielt werden
täglich muß es neu gespielt werden
täglich muß die Antwort noch vor uns sein
die Antwort muß ja sein können
wenn du nicht aufstehst Abel
wie soll die Antwort
diese einzig wichtige Antwort
sich je verändern
wir können alle Kirchen schließen
und alle Gesetzbücher abschaffen
in allen Sprachen der Erde
wenn du nur aufstehst
und es rückgängig machst
die erste falsche Antwort
auf die einzige Frage
auf die es ankommt
steh auf
damit Kain sagt
damit er es sagen kann
Ich bin dein Hüter
Bruder
wie sollte ich nicht dein Hüter sein
Täglich steh auf
damit wir es vor uns haben
dies Ja ich bin hier
ich
dein Bruder

Damit die Kinder Abels
sich nicht mehr fürchten
weil Kain nicht Kain wird
Ich schreibe dies
ich ein Kind Abels
und fürchte mich täglich
vor der Antwort
die Luft in meiner Lunge wird weniger
wie ich auf die Antwort warte

Abel steh auf
damit es anders anfängt
zwischen uns allen

Die Feuer die brennen
das Feuer das brennt auf der Erde
soll das Feuer von Abel sein

Und am Schwanz der Raketen
sollen die Feuer von Abel sein

II

Wort und Ding

Wort und Ding
lagen eng aufeinander
die gleiche Körperwärme
bei Ding und Wort

Monologe

Die Monologe
jeder
redet für jeden
die zuhören
schweigen
sind Abwesende
parallele Strahlen
aus den Mündern
die Atemreise des Worts
ein Signal
und noch ein Signal
Signalisierende
Rennbahnen ohne Ziel
für die Zeichen
die fortstürzen
aus deinem Mund
aus meinem Mund
rufend
stimmlos

Sie treffen sich
werden zusammengebogen
die Botschaften
jeder redet für jeden
gefiltert
die tonlosen Worte
und umgewandelt
in das Wort

Jeder hört
die harten Anpralle
des eigenen Worts
das wiederkehrt
aus der Stratosphäre
ein Lufthauch
im Lufthauch
so hörte Hölderlin seine Worte
die ungesammelten
sie zogen vorbei
einkehrlos

Der große Luftzug

Das Wort neben mir
der Saum des Worts
ganz dicht

tief atmen
die Haut
zwischen dem Wort und mir
durchatmen

der große Luftzug
in dem die Worte fliegen

Angsttraum I

Das blaue
mein Leben

der blaue Blutfleck
ausgegossen

der Saft aller Farbbänder
ihr Leben

ihr Weg auf dem Papier
diese kleinen Pfoten

tiptap
meine Worte

meine ungeschriebenen Worte
die gesagten die geschriebenen

die vielen
ungesagten

ich träume
von einem großen blauen Blutfleck

dem Wortetod
dem Tod

meinem
ihr Kolibrifüße

Fußstapfen fußloser Vögel

Senkblei

Das Senkblei wanderte mit uns
die Hand in der Hand
Nest unserer Finger
wir wohnten dort

Oder waren die zehn Finger
zehn Finger von mir
dein Haus
du wohntest darin

Viele

Viele liegen dort
ich tauche die Hand ins Wasser
ich berühre die Stirn eines jeden
das Haar
die zärtliche Biegung am Hals
wenn ich das Haar berühre
riecht es noch
der Tote steht auf
er ist fast im Zimmer
dann berühre ich dein Haar
es ist seines
es gibt viele hundert
oder du hebst die Hand du sagst etwas
einer steht auf
der Fußboden unter mir
ändert sich
die Sonne ändert sich
wenn sie kommen
einer von ihnen
seine Form über dir liegt
ich sein Haar berühre
wenn ich dein Haar berühre

Geburtstage

1

Sie ist tot

heute ist ihr Geburtstag
das ist der Tag
an dem sie
in diesem Dreieck
zwischen den Beinen ihrer Mutter
herausgewürgt wurde
sie
die mich herausgewürgt hat
zwischen ihren Beinen

sie ist Asche

2

Immer denke ich
an die Geburt eines Rehs
wie es die Beine auf den Boden setzte

3

Ich habe niemand ins Licht gezwängt
nur Worte
Worte drehen nicht den Kopf
sie stehen auf
sofort
und gehn

Angsttraum II

Ein Zug fuhr vor
dort lag das geliebte Antlitz
und lebte noch
und sah noch aus den dunklen Augen
und sah nicht
weiß lag es und blickend
sauber vernäht die blassen
Ränder dieses blassen Gesichts
Dunkel um die dunklen
sehenden Augen
ich kannte es nicht
es kannte mich nicht
du lebst rief ich
du lebst
der Zug fuhr fort
er schloß sich wie ein schwarzes Etui
über dem blassen Gesicht
Es lebte

Immer mit den vollen Händen

Immer mit den vollen Händen
es wachsen auf ihnen
es verdorren auf ihnen
und säen sich neu
Wiesen
Wälder Tiere
wachsen und leben dort
leben und sterben und werden geboren
auf meinen Händen
die gesamte Natur
vor der Erschaffung des Menschen

Ich staune sie an diese Landschaft
ich bewässere sie
mit dem gedeihlichen Wasser
mit Tränen

Immer den Kopf geneigt
einer Stimme entgegen
von der ich schon weiß
ich werde sie nie
hören

Änderungen

Neben meinem Kopf
ich lege ein Stück Weißbrot neben meinen Kopf
mit seinen goldenen Rändern
gieße Wein dazu
streue Salz
aus meinem Kissen wächst eine Laube
mein Bettuch wird zum Tischtuch
das Tischtuch
zum Leichentuch

Filter

Die engste Tür
hindurchgefiltert
neu versammelt
Freiheit
der andere Zustand
Augenlos
Gehörlos
kein Griff mehr an dir
für Mißgriff

Die Zärtlichkeit des Erwachens
und die Zeitung
Die Sonne leuchtet die Sackgassen aus
du erwachst nicht mehr
du filterst hindurch
durch alle toten Enden
ins Unantastbare

Leben das Unantastbare
so angetastet
all diese Fingerabdrücke auf dir
vergiß
Leben
Leben
vergiß
vergiß die Augen
Freiheit
das Unantastbare

Der Regen
meint es nicht böse
Die Erde
meint es nicht böse
Und die Menschen
die Hände der Menschen
Das Unantastbare
gereinigt von dem Antastbaren
Leben
Freiheit
filtere dich
der neue Zustand

III

Für E.W.P.

Die Jahrtausende ließen sich von dir kraulen
wie von einem Kind
Jeden Morgen hörte ich deinen Amselpfiff
deine Freude auf den Tag
keine Zeit kam dagegen auf
tägliche Überraschung
aus deinem Wunderkorb
ein Vorrat für den Rest des Jahrhunderts
für jeden Tag in ihm

Bitte

Wir werden eingetaucht
und mit dem Wasser der Sintflut gewaschen
wir werden durchnäßt
bis auf die Herzhaut

Der Wunsch nach der Landschaft
diesseits der Tränengrenze
taugt nicht
der Wunsch, den Blütenfrühling zu halten
der Wunsch, verschont zu bleiben
taugt nicht

Es taugt die Bitte
daß bei Sonnenaufgang die Taube
den Zweig vom Ölbaum bringe
Daß die Frucht so bunt wie die Blüte sei
daß noch die Blätter der Rose am Boden
eine leuchtende Krone bilden

Und daß wir aus der Flut
daß wir aus der Löwengrube und dem feurigen Ofen
immer versehrter und immer heiler
stets von neuem
zu uns selbst
entlassen werden

Augenturm

Der Augenturm
das Jahresauge
weit offen
das oberste
ich klettere
auf und nieder Selbstdressur
ich bediene alle Öffnungen
manche erblinden
ich reiße die Lider auf
ich will aus diesen Augen sehen
aus allen
die ersten in Bodenhöhe
die neugeborenen
blaue Tieraugen
ich fange auf einem Meter an
frühestens
unter Wasser fast
Urmilch
aus der wir kommen
in die wir
gehn
ertrinkend täglich
den Kopf
über dem Wasser
mit Not

an guten Tagen
auf dem Rücken liegen
dahintreiben
auf dem Liquiden
den Himmel ansehn
mühelos
atmen

Anfang

Es blättert sich auf
das Meer blättert sich auf
die Lippen
dazwischen liegt
weit hinten
eine silberne Kugel
der Anfang

Mit Libellenarmen danach greifen
der Anfang
klein hell
noch sichtbar

wenn du in dieses Haus gehst
und aufmerksam bist
wird sie nicht rollen
wenn du zurückgehst
und das Ja und das Nein
lange abgegeben
dein Ja und dein Nein

sieh die Kugel
unbekannt
das war
du konntest wählen

Sehnsucht

Die Sehnsucht
läßt die Erde durch die Finger rinnen
alle Erde dieser Erde
Boden suchend
für die Pflanze Mensch

Wunsch

Ich möchte von den Dingen die ich sehe
wie von dem Blitz
gespalten werden
Ich will nicht daß sie vorüberziehen
farblos bunte
sie schwimmen auf meiner Netzhaut
sie treiben vorbei
in die dunkle Stelle
am Ende der Erinnerung

Lichtinsel

Mein Schatten
der schmalste einsamste
unter den Toten

Auf der Lichtinsel
streunend
herrenlos

Vielleicht
diese Scharen
vielleicht
einzelne geschart
vielleicht
unter ihnen
wir
neu ausgesät

Als Bäume
werden wir sanfter sein

Vielleicht
als Bäume

Nächtliche Orientierung

Mein Kopf liegt nach Süden
meine Füße nach Norden
seit ich fort bin
immer meine Füße nach Norden
zu dir.
Mein Körper
im Schlaf eine Kompaßnadel
die ihren Nord sucht.

Das Bild zu Sais
Anti-Portrait

Dein Gesicht ist
in jedem Jahrhundert das gleiche

dein Gesicht
nur im Dunkel kenntlich

Wir sehen es mit den Fingerspitzen
wir berühren dein Haar

Bei Tage bist du vermummt
wie ein Beduinenweib
oder eine Karnevalsmaske

Seit Jahrhunderten siehst du uns an
und erlaubst
daß wir Du zu dir sagen

Geh hin

1

Geh hin umarme
einen Baum
geh hin
umarme einen Baum
geh hin umarme einen Baum
er weint mit dir

Nietzsche umarmte das Pferd
auf einem Platz voller Menschen
einem menschenleeren

Das war noch ein Unterschied
es gab Pferde
heute denken wir
daß es auch Menschen gab
morgen denken andere
daß wir noch Glück hatten
mit diesen Menschenattrappen
mit diesen feindlichen
Nicht-Brüdern

Euer Robinson
Euer Robinson
Euch wird es nicht geben
Elias auf einem Helikopter
entführt den Einsamen

nein
niemand kommt
der Wahrheit sei Ehre
niemand kam niemand
wird kommen

2

Kahl wie ein Affenhintern die Erde

Hülle ihn in Acryl
deinen Abseitigen
bis die Rose wieder heranreift

bis die Rose wieder heranreift

3

Wiederhole wiederhole wiederhole
damit die Worte nicht alleine sind

In der lärmenden Stille
verliert sich das Wort
gib ihm den Schall mit
seine Frage an sich selbst

Das Wiederholte wird sicher
das Wiederholte wird ungewiß

Wegen dieser Ungewißheit
die anfängt wo das Wort aufhört
müssen die Worte gesagt sein
muß ich die Worte sagen

Linke Kopfhälfte

In dieser kleinen Halbkugel
auf der mein Haar grau wird
wohnen die Wörter
dies Wörternest

Meine Hand
nimmt das Nest in die Hand

Die rechte sagt man
ist leer von Worten

Auslauf für das unbenutzte
Vokabular
der Erinnerung

Lektüre

Durch ein großes Tor
ziehn die Bücher in mich ein
sie zahlen etwas
bei ihrem Eintritt
sie geben etwas ab
bei meiner unsichtbaren Garderobiere

Das Theater
in das sie eintreten
ist dunkel
ich selber stehe am Eingang
die die ich liebe
ich weiß nicht wie sie herauskamen

kommen immer von neuem

Überfahrt
                    Meiner Mutter

Ein Kind
das macht die Ferne
es hat lockeres weißes Haar
es trägt ein schwarzes Kleid
es ist kein Kind
es steht in einem Boot
mir abgewandt
es hebt die Arme –
nicht zu mir –
auf der andern Seite ist Land

Ich sehe nur den Rand dieses Boots
und die seit immer bekannte
leichte
Drehung des Kopfs

Älter werden
Antwort an Christa Wolf

> »Du weinst um das Nachlassen ... und, so
> unglaublich es sein mag, den unvermeidlichen
> Verfall der Sehnsucht.«
> (›Kindheitsmuster‹)

1

Die Sehnsucht
nach Gerechtigkeit
nimmt nicht ab
Aber die Hoffnung

Die Sehnsucht
nach Frieden
nicht
Aber die Hoffnung

Die Sehnsucht nach Sonne
nicht
täglich kann das Licht kommen
durchkommen

Das Licht ist immer da
eine Flugzeugfahrt reicht
zur Gewißheit

Aber die Liebe

der Tode und Auferstehungen fähig

wie wir selbst
und wie wir

der Schonung bedürftig

2

Gegen die Angst vor dem Mitmensch
»Der Mensch ist dem Menschen ein Gott«
das Veronal in der Tasche

3

Hand in Hand mit der Sprache
bis zuletzt

Mauern sortierend

Mauern sortierend

Kataloge von Blumenzwiebeln
Stoffmuster
Muster
von Mauern.

Die chinesische Mauer
aus Porzellan.
Mauern von Avila
ihre Tore
die kleinen Hufe der Getreideesel.

Die türelosen Mauern
für Hektor
und die Paßlosen.
Gartenmauern.
Mauern aus Menschenfleisch.

Mutter
Mauer
zwischen Geschwistern
jeder auf seiner Seite
Berlin

Unsichtbare Mauer
steiler
härter
länger

die Mauer aus Rücken

Vaterländer

Soviel Vaterländer wie der Mensch hat
vaterlandslos
heimatlos
jede neue Vertreibung
ein neues Land macht die Arme auf
mehr oder weniger
die Arme der Paßkontrolle
und dann die Menschen
immer sind welche da
die Arme öffnen
eine Gymnastik
in diesem Jahrhundert
der Füße der Arme
unordentlicher Gebrauch unserer Glieder
irgend etwas ist immer da
das sich zu lieben lohnt
irgend etwas ist nie da

Alle diese Länder haben Grenzen
gegen Nachbarländer

Der übernächste Krieg

Ich habe keine Arme
Meine Hände sind an meine Schultern geheftet
wie Flügel
vielleicht sollte ich ein Vogel werden
aber ich fliege nicht
vielleicht ein Mensch
ich töte nicht
und ich brauche euch nicht zu umarmen
ihr Töter
deren Hand den Stein wirft
von Anbeginn
nur die Schleuder hat sich verändert.

Der übernächste Krieg
sagte Einstein
wird wieder mit Pfeil und Bogen geführt
der übernächste Kühlschrank
wird wieder ein Tonkrug
mit Regenwasser sein.

Bis dahin
für die Unangepaßten der Welt
vielleicht noch der Mond
als universales KZ.

Ausbruch von hier

> *Für Paul Celan, Peter Szondi, Jean Améry,*
> *die nicht weiterleben wollten*

Das Seil
nach Häftlingsart aus Bettüchern geknüpft
die Bettücher auf denen ich geweint habe
ich winde es um mich
Taucherseil
um meinen Leib
ich springe ab
ich tauche
weg vom Tag
hindurch
tauche ich auf
auf der andern Seite der Erde
Dort will ich
freier atmen
dort will ich ein Alphabet erfinden
von tätigen Buchstaben

Tokaidoexpreß

Für meine Verlegerin
Monika Schoeller

Wie ein Tokaidoexpreß
sind wir durch die Geschichte gefahren
und kaum noch zu sehen
Ich rede in der Vergangenheitsform
während ich atme sehe ich mir nach
ich bin das Rücklicht
Als Rücklicht
leuchte ich vor euch her
euch Dichtern eines vielleicht zweifachen
Zuhauses
des Bodens auf dem ihr bleiben dürft
euer Land wird immer größer werden
wenn die Erdoberfläche sich zusammenzieht
und die Grenzen zurückweichen
unter den Flügeln der Menschen
ihr könnt gehen und doch bleiben
und im Worte wohnen
vielleicht im Worte vieler Sprachen zugleich
doch im deutschen zuerst
im deutschen
an dem wir uns festhielten
Ich der letzte
kämpfe für euch alle
um den Stempel in diesem Paß
um unsern Wohnsitz im deutschen
Wort

Es gibt dich

Dein Ort ist
wo Augen dich ansehn
Wo sich die Augen treffen
entstehst du

Von einem Ruf gehalten,
immer die gleiche Stimme,
es scheint nur eine zu geben
mit der alle rufen

Du fielest,
aber du fällst nicht
Augen fangen dich auf

Es gibt dich
weil Augen dich wollen,
dich ansehn und sagen
daß es dich gibt

Für E.W.P.

Um uns bis an die Zimmerdecke
sitzt die Welt
die Jahrhunderte auf den Regalen
ich frage dich oder du fragst
die Jahrhunderte spitzen die Ohren
Tiere im Zirkus
Ein Wink und sie springen
gehorsam geben sie Antwort
Alles was gelebt hat
was leben wird
antwortet dir
du antwortest mir
ringsum nicken sie uns zu
weil du da bist
und alle kennst
da ist keiner tot der gelebt hat
solange du bei mir bist.

Zu Seite 23 *Abschaffung des Befehlsnotstands*
Das Zitat aus Ali Ben Hism in der Übertragung von Erwin Walter Palm.
Die Vision der mit Tauben betriebenen Hinrichtungsfabrik benutzt die Nachricht von arbeiterlosen, mit Tauben am Fließband betriebenen Fabriken der USA. Es handelte sich um einen Sortiervorgang. Tauben sollen ein genaueres optisches Unterscheidungsvermögen haben als Menschen. Der Vorgang gab Anlaß zu arbeitsrechtlichen Diskussionen.

Inhalt

I

Ich will dich 7
Drei Arten Gedichte aufzuschreiben 9
Das ist es nicht 12
Graue Zeiten 14
Ecce Homo 19
Sisyphus 1967 20
Nach dem Fernsehbericht: Napalm-Lazarett 22
Abschaffung des Befehlsnotstands. Perspektive 23
Zur Interpunktion 26
Vorsichtshalber 27
Abel steh auf 28

II

Wort und Ding 33
Monologe 34
Der große Luftzug 36
Angsttraum I 37
Senkblei 38
Viele 39
Geburtstage 40
Angsttraum II 41
Immer mit den vollen Händen 42
Änderungen 43
Filter 44

III

Die Jahrtausende ließen sich von dir kraulen... 49
Bitte 50
Augenturm 51
Anfang 53
Sehnsucht 54
Wunsch 55
Lichtinsel 56
Nächtliche Orientierung 57
Das Bild zu Sais. Anti-Portrait 58
Geh hin 59
Linke Kopfhälfte 63
Lektüre 64
Überfahrt 65
Älter werden. Antwort an Christa Wolf 66
Mauern sortierend 70
Vaterländer 71
Der übernächste Krieg 72
Ausbruch von hier 73
Tokaidoexpreß 74
Es gibt dich 75
Um uns bis an die Zimmerdecke... 76